Fête

& Cadeaux
gourmands

Emballages décoratifs

Une jolie présentation mettra en valeur vos mets de fête
et ajoutera une touche personnelle à ce que vous offrez.

Les emballages les plus beaux sont souvent les plus simples : du papier cadeau coloré, orné de rubans assortis ou une décoration sur un thème précis. Il suffit de quelques objets simples : bocaux et bouteilles, du papier kraft et du carton, des fleurs, des coquillages, du tissu, des rubans et napperons en papier, du raphia et de jolies boîtes.

Le papier cadeau est la façon la plus simple d'embellir un objet. Choisissez parmi diverses nuances de papier de soie, du cellophane translucide ou coloré, des papiers faits main ou même du papier journal. Les papiers d'emballage glacés, onéreux, peuvent également s'utiliser de manière créative. Le papier kraft roulé en forme de gros bonbon fait beaucoup d'effet avec des rubans de jute ou du papier torsadé.

Pour personnaliser vos emballages, ornez du papier épais d'impressions réalisées au tampon, vaporisez-le de peintures colorées pour un effet tacheté, ou bien décorez-le au pochoir ou avec des autocollants.

Enroulez un bocal avec du papier kraft froissé, ficelé avec une cordelette et orné d'un pompon. Pour le réaliser, coupez 8 ou 10 longueurs de ficelle, nouez-les ensemble en leur centre, repliez-les en deux et liez-les de nouveau un peu en dessous du nœud. Égalisez l'extrémité des franges et attachez ce pompon à la cordelette.

Les napperons en papier sont parfaits pour couvrir les bocaux. On les emploie également, peints ou tels quels, pour tapisser boîtes ou assiettes, ainsi que pour réaliser des pochoirs. Placez le napperon sur la surface que vous souhaitez décorer (papier ou tissu); appliquez la peinture avec un pochoir ou un vaporisateur, et laissez sécher avant d'enlever le napperon.

Avec ses couleurs vives et sa texture gaufrée, le papier crépon fait également partie de la panoplie des décorations. On peut en faire des petits sacs en pliant en deux des carrés ou rectangles de papier, en les perforant sur les côtés et en passant dans les trous de fines bandelettes de papier crépon, nouées à leur extrémité. Il suffit d'insérer les objets à envelopper et nouer le sac à l'aide d'un ruban.

Les bouteilles existent sous toutes sortes de formes et de couleurs. Habillez un vinaigre aux herbes avec un nœud de raphia autour du goulot ou de l'anse.

Les boîtes se réutilisent très bien ; on peut les peindre, les recouvrir de papier ou les décorer de rubans. Prenez la partie inférieure d'une boîte plate, perforez chaque coin et nouez de joli rubans.

Les pots et plats en terre cuite, les bols et les paniers font de jolis récipients à confiseries. Un gros pot enveloppé de cellophane transparente et garni d'un ruban ou d'une ficelle de couleur est idéal pour présenter un cake ou des biscuits maison. Un torchon ordinaire peut s'avérer très décoratif pour envelopper des viennoiseries.

Enfin, sachez que le raphia, la ficelle et le ruban de papier se marient parfaitement avec le papier, le calicot ou la mousseline aux teintes naturelles. Fabriquez des rubans de diverses largeurs, motifs et couleurs et ornez-en vos paquets. Les fruits confits, les écorces d'agrumes et les raisins ou fruits rouges frais constituent de jolies décorations sur les bocaux ; ou préférez les fleurs fraîches ou séchées. Terminez par des étiquettes que vous décorez.

Il suffit de quelques coquillages, fleurs et feuilles, d'un peu de tissu ou de carton, de bocaux et bouteilles et d'une pointe d'imagination pour donner à vos cadeaux un habit de fête.

Gâteaux et biscuits

Qu'il s'agisse de recettes traditionnelles ou plus originales, les friandises maison sont toujours très appréciées. Empaquetez-les dans de jolies boîtes ou du papier cadeau coloré pour en faire de ravissants cadeaux.

Muffins aux myrtilles

Préparation :
  20 minutes
Cuisson :
  15 à 20 minutes
Pour 14 muffins

2 tasses de farine
2 cuil. à café de
  levure chimique
1 pincée de sel
2/3 de tasse de sucre
  en poudre
1 à 2 cuil. à café de
  zeste de citron, râpé
1 tasse de myrtilles
1 œuf
1 tasse de lait
90 g de beurre, fondu

1. Préchauffer le four à 180 °C. Huiler ou beurrer 14 moules à muffins. Dans un saladier, réunir la farine tamisée, la levure et le sel. Ajouter le sucre et le zeste ; bien mélanger. Incorporer les myrtilles.

2. Battre les œufs avec le lait et le beurre fondu refroidi. Verser sur la farine et remuer de façon vigoureuse et rapide.

3. Verser la préparation dans les moules, jusqu'aux deux tiers. Faire cuire 15 à 20 minutes, jusqu'à ce que les muffins soient gonflés et légèrement dorés (vérifier la cuisson à l'aide d'une lame de couteau : elle doit ressortir sèche). Laisser reposer 5 minutes dans les moules avant de faire refroidir sur une grille.

CONSEIL
Une fois refroidis, les muffins peuvent être nappés d'un glaçage au citron. Pour les myrtilles surgelées, les ajouter au dernier moment. On peut les remplacer par des framboises.

Muffins aux myrtilles (en haut), gâteau au chocolat.

Gâteau au chocolat

Préparation :
    15 minutes
Cuisson :
    50 minutes
Pour un gâteau de 20 cm

*¹/₂ tasse de farine avec
    levure incorporée*
*¹/₂ tasse de cacao
    en poudre*
*1 tasse de sucre
    en poudre*
200 g de yaourt nature
2 œufs
200 g de beurre fondu
50 g de chocolat noir, râpé

Glaçage
50 g de chocolat noir
50 g de beurre
¹/₂ tasse de sucre glace
*1 à 2 cuil. à soupe de
    yaourt ou de crème
    fraîche*

1. Préchauffer le four à
180 °C. Beurrer un moule
profond, de 20 cm
environ, et garnir le fond
et les bords de papier
sulfurisé beurré.
2. Mettre la farine, le
cacao et le sucre dans un
mixeur. Ajouter le yaourt,

les œufs et le beurre.
Mixer 15 secondes,
jusqu'à l'obtention d'un
mélange homogène.
Ajouter le chocolat râpé et
mixer pour bien mélanger.
3. Verser la préparation
dans le moule, égaliser la
surface. Faire cuire
50 minutes au four
(vérifier la cuisson à l'aide
d'une lame de couteau :
elle doit ressortir sèche).
4. Laisser reposer le
gâteau 10 minutes dans le
moule avant de le faire
refroidir sur une grille.
5. Glaçage : faire
fondre le chocolat au
bain-marie ; retirer du
feu. Travailler le beurre
et le sucre glace au
batteur jusqu'à l'obtention
d'un mélange onctueux.
Ajouter le chocolat
et le yaourt ; bien battre.
Étendre le glaçage sur le
dessus du gâteau à l'aide
d'une palette. Décorer
de fraises fraîches ou
d'autres fruits.

CONSEIL
En cuisant le chocolat
au bain-marie, veiller
à ne pas mettre d'eau
dans le chocolat.
Sinon, le chocolat
deviendrait dur et
inutilisable.

Barres de céréales moelleuses

Préparation :
    10 minutes
Cuisson :
    45 minutes
Pour 24 barres

125 g de beurre
*¹/₂ tasse de sucre
    en poudre*
¹/₂ tasse de sucre roux
2 cuil. à soupe de miel
3 tasses ¹/₂ de muesli
³/₄ de tasse de noix de coco
*1 cuil. à café de
    cannelle*
*¹/₂ tasse de cerises
    confites, hachées*
*¹/₂ tasse de raisins de
    Smyrne*
¹/₂ tasse de raisins secs

1. Préchauffer le four à
160 °C. Huiler un moule
rectangulaire, de 30 x
20 cm environ, le garnir
de papier sulfurisé beurré.
2. Dans une petite
casserole, mélanger le
beurre, les sucres et le
miel. Remuer à feu doux
jusqu'à ce que le sucre
soit dissous et le beurre
fondu. Retirer du feu.
3. Dans un saladier,
réunir le muesli, la noix
de coco, la cannelle, les
cerises et les raisins secs ;
mélanger. Faire un puits
au centre et verser la
préparation au beurre ;
remuer.

Barres de céréales moelleuses.

4. Bien tasser la préparation dans le moule. À l'aide d'un couteau, inciser la surface en 24 barres égales. Enfourner et faire cuire 35 minutes, baisser le four à 120 °C et prolonger la cuisson de 10 minutes.Laisser reposer 15 minutes dans le moule avant de bien faire refroidir sur une planche. Couper en barres. Elles se conservent 1 semaine au réfrigérateur, dans un récipient hermétique.

Note : décorer les barres avec du chocolat fondu, à l'aide d'une poche à douille.

Shortbread

Préparation :
   20 minutes
Cuisson :
   25 minutes
   + 30 minutes de
   réfrigération
Pour 2 galettes sablées

250 g de beurre
*1/2 cuil. à café d'extrait
   de vanille*
3/4 de tasse de sucre glace
2 tasses de farine
1/2 tasse de farine de riz

1. Préchauffer le four à
180 °C. Garnir 2 plaques
de papier sulfurisé.
2. Travailler le beurre et la
vanille au batteur, jusqu'à
l'obtention d'un mélange
onctueux. Ajouter le sucre
glace et battre encore
1 minute.
3. Avec une cuillère en
bois, incorporer les farines
(une cuillerée à la fois).
Mettre la pâte 30 minutes
au réfrigérateur, jusqu'à ce
qu'elle soit ferme. Partager
la pâte en deux. Aplatir
chaque moitié à 5 mm
d'épaisseur, l'étaler en
rond entre 2 feuilles de
papier sulfurisé.
Transférer délicatement
sur les plaques.
4. Pincer les bords avec
les doigts ou les dents
d'une fourchette. Piquer la
surface à la fourchette et
dessiner 8 parts. Laisser
cuire 20 à 25 minutes,
jusqu'à ce que les galettes
soient dorées. Couper les
8 parts. Transférer sur une
grille et laisser refroidir.

Gâteau au gingembre

Préparation :
   30 minutes
Cuisson :
   50 à 60 minutes
*Pour une couronne
   de 22 cm*

Chapelure fine
125 g de beurre, ramolli
1/2 tasse de sucre roux
1/3 de tasse de miel
3 œufs
2 tasses de farine
*1 cuil. à café de
   bicarbornate de soude*
*2 cuil. à café de clous
   de girofle moulus*
*1 cuil. à café de
   cannelle moulue*
*1 cuil. à café de
   gingembre moulu*
*2/3 de tasse de crème
fraîche*
*100 g de gingembre
   confit, haché avec
   son sirop*

Glaçage au citron
3/4 de tasse de sucre glace

*1 à 2 cuil. à soupe de
jus de citron*
50 g de beurre ramolli

1. Préchauffer le four à
160 °C. Beurrer un moule
à savarin de 22 cm ; garnir
l'intérieur de chapelure ou
de cornflakes.
2. Travailler le beurre et le
sucre au batteur jusqu'à
l'obtention d'un mélange
onctueux. Incorporer le
miel.
3. Ajouter les œufs peu à
peu, en battant bien à
chaque fois. Avec une
grande cuillère, incorporer
la farine, le bicarbornate,
les épices et la crème
fraîche. Ajouter le
gingembre haché.
4. Verser la préparation
dans le moule ; égaliser.
Faire cuire 50 à
60 minutes. Laisser
reposer 10 minutes dans
le moule avant de faire
refroidir sur une grille.
Glaçage au citron : dans
un saladier résistant à la
chaleur, mélanger le sucre
glace, le jus de citron et le
beurre. Poser le saladier
sur une casserole d'eau
frémissante et remuer
jusqu'à obtention d'un
mélange homogène.
Retirer du feu et étaler
sur le gâteau encore
chaud. Décorer d'écorce
d'oranges confites
ou de fruits frais.

Gâteau au gingembre (en haut), shortbread.

Panforte

Préparation :
   30 minutes
Cuisson :
   30 minutes
Pour 2 gâteaux

250 g d'amandes
250 g de noisettes
750 g de fruits secs
250 g de farine
1 cuil. à soupe de
   mélange d'épices :
   cannelle, gingembre,
   muscade et girofle
1 cuil. à soupe de
   cannelle
300 g de sucre
1 tasse de miel
Sucre glace pour
   décorer

1. Préchauffer le four à
180 °C. Beurrer 2 moules,
ronds ou carrés, peu
profonds. Les garnir de
papier sulfurisé.
2. Mettre les amandes et
les noisettes sur une
plaque de four à griller
10 minutes, jusqu'à ce que
la peau des noisettes se
détache. Retirer du four.
Baisser le thermostat à
160 °C. Envelopper les
noisettes dans un torchon
et frotter vigoureusement
pour éliminer les peaux.
Mettre les noisettes et les
amandes dans un mixeur.
3. Hacher grossièrement
les fruits secs et les ajouter
dans le mixeur, puis la
farine et les épices.
4. Dans une petite
casserole, remuer le
sucre et le miel à feu
doux jusqu'à ce que
le sucre soit dissous.
Porter à ébullition,
baisser le feu et laisser
frémir 10 minutes,
jusqu'à ce que le sirop
atteigne 120 °C.
Verser le sirop sur les
fruits secs et la farine.
Bien remuer : la
préparation doit être
ferme.
5. Répartir la préparation
dans le moule à 2 cm
d'épaisseur.
Laisser cuire au four
30 minutes. Faire refroidir
le moule sur une grille.
6. Quand le gâteau
est froid, le retirer
du moule et enlever
le papier sulfurisé.
Servir saupoudré de
sucre glace.

Brownies au chocolat

Préparation :
   20 minutes
Cuisson :
   35 à 40 minutes
Pour 16 brownies

160 g de chocolat noir,
   concassé
125 g de beurre
2 œufs, légèrement
   battus
3/4 de tasse de sucre
   en poudre
1 cuil. à café d'extrait
   de vanille
1 tasse de farine
3/4 de tasse de noix ou de
   noix de pécan, hachées

1. Préchauffer le four
à 180 °C. Beurrer
un moule carré de
20 cm environ et
garnir le fond de
papier sulfurisé.
Faire fondre le chocolat
et le beurre au bain-
marie. Retirer du feu
et laisser refroidir.
2. Incorporer les œufs,
le sucre et la vanille.
Ajouter la farine
et les noix ; bien
remuer sans trop battre.
3. Verser la préparation
dans le moule.
Enfourner et faire cuire
20 à 25 minutes (vérifier
la cuisson : la lame d'un
couteau doit ressortir
sèche). Laisser refroidir
dans le moule et couper
en carrés. Les saupoudrer
d'un mélange de cacao et
de sucre glace ; garnir de
noix de pécan.

Brownies au chocolat (en haut), panforte.

Tartelettes au citron

Préparation :
40 minutes
Cuisson :
15 minutes
Pour 18 tartelettes

1 tasse de farine
60 g de beurre,
   coupé en morceaux
2 jaunes d'œuf
1/4 de tasse de sucre
   en poudre
1 à 2 cuil. à café de
   zeste de citron râpé
1 cuil. à soupe de jus
   de citron

Garniture
1/2 tasse de sucre
   en poudre
160 ml de jus de citron
2 cuil. à soupe de crème
   fraîche épaisse
   ou 60 g de beurre
3 œufs
2 jaunes d'œuf

1. Mettre la farine dans un mixeur. Ajouter le beurre et mixer 15 à 20 secondes jusqu'à l'obtention d'un mélange friable. Ajouter les jaunes d'œuf, le sucre, le zeste et le jus de citron. Mixer 20 à 30 secondes pour former une pâte. Pétrir sur un plan de travail fariné et former une boule. L'envelopper de film alimentaire et la mettre 45 à 60 minutes au réfrigérateur.

2. Étaler la pâte et la couper en cercles à l'aide d'un emporte-pièces de 6 à 7 cm. Huiler légèrement les ronds de pâte et les mettre dans des petits moules à tartes. Piquer la pâte à l'aide d'une fourchette, puis laisser reposer au congélateur au moins 30 minutes.

3. Préchauffer le four à 180 °C. Découper des feuilles de papier sulfurisé de façon à en couvrir chaque tartelette. Étaler une couche de légumes secs ou de riz sur le papier. Faire cuire 10 minutes, jusqu'à ce que la pâte soit dorée.

4. Garniture : battre le sucre et le jus de citron dans une terrine. Incorporer la crème (ou le beurre), les œufs et les jaunes. Bien fouetter. Transférer la préparation dans une casserole. Remuer 4 minutes à feu moyen, jusqu'à épaississement. Répartir la garniture dans les moules, en laissant un petit rebord de pâte. Mettre au four 8 à 10 minutes. Laisser refroidir. Démouler sur une grille. Décorer les tartelettes de chantilly et de fruits confits.

Rouleau aux fruits secs

Préparation :
20 minutes
Cuisson :
40 minutes
*Pour 1 grand ou 2 petits
rouleaux*

1 tasse de figues sèches
   ou de dattes,
   dénoyautées, hachées
3/4 de tasse de sucre roux
60 g de beurre, coupé
   en morceaux
1 à 2 cuil. à café de
   zeste d'orange râpé
1 tasse d'eau bouillante
250 g de farine avec
   levure incorporée
1 pincée de muscade,
1 pincée de cannelle,
1 pincée de poivre
1 pincée de gingembre,
   moulu
1 œuf
1 cuil. à café d'extrait
   de vanille
125 g de noix de pécan,
   grillées et hachées

1. Mettre les figues, le sucre, le beurre et le zeste dans un grand saladier. Verser l'eau bouillante. Remuer jusqu'à ce que le beurre et le sucre soient dissous. Laisser refroidir.

2. Préchauffer le four à 180 °C. Beurrer 1 moule (capacité 1,25 l) ou 2 moules de

Tartelettes au citron (en haut), rouleau aux fruits secs.

170 x 80 mm. Garnir de papier sulfurisé (dépassant du bord). **3.** Mettre la farine et les épices. Dans un bol, battre l'œuf et la vanille. À l'aide d'une cuillère, incorporer la farine en alternance avec les noix de pécan dans la préparation refroidie. Bien remuer. **4.** Verser la préparation dans le(s) moule(s). Le(s) placer au milieu du four et faire cuire 35 à 40 minutes (vérifier la cuisson : une lame de couteau doit ressortir sèche). La surface du gâteau doit être élastique au toucher. Laisser refroidir 5 minutes dans le moule avant de le démouler sur une grille, puis de le couper en tranches.

Gâteau à la carotte

Préparation :
  30 minutes
Cuisson :
  1 heure 20
Pour 1 gâteau de 24 cm

*2 tasses de farine avec
  levure incorporée
2 cuil. à café de
  cannelle
1 cuil. à café de clous
  de girofle moulus
1 cuil. à café de
  gingembre moulu
2 cuil. à café de
  bicarbonate de soude
1 tasse d'huile
1 tasse de sucre roux
4 œufs
$1/2$ tasse de miel
350 g de carottes râpées*

**Glaçage au fromage
frais**
*250 g de fromage frais
crémeux
60 g de beurre, ramolli
1 tasse de sucre glace
1 cuil. à café d'extrait
  de vanille ou de jus
  de citron
1 cuil. à café de zeste
  de citron râpé*

1. Préchauffer le four
à 180 °C. Beurrer un
moule haut et rond de
24 cm, à fond amovible ;
le garnir de papier
sulfurisé.
2. Dans un mixeur,
placer la farine, le
bicarbonate et les épices,
mettre l'huile, le sucre, les
œufs et le miel. Ajouter
les carottes râpées et
mixer jusqu'à ce que le
mélange soit homogène.
Verser la préparation dans
le moule ; égaliser la
surface. Faire cuire au
four 30 minutes. Baisser
le thermostat à 160 °C et
prolonger la cuisson de
40 à 50 minutes (vérifier
la cuisson : une lame de
couteau doit ressortir
sèche). Laisser le gâteau
10 minutes dans le
moule avant de le faire
refroidir sur une grille.
3. Couper le gâteau
refroidi en 2 parties
horizontales. Poser la
base sur une planche ou
un plat et étaler la moitié
du glaçage dessus. Placer
la deuxième partie et
étaler le reste de glaçage.
Décorer de lamelles
de carotte et de noix
pilées et hachées. Le
gâteau sera meilleur
servi le lendemain.
**4. Glaçage au fromage
frais crémeux :** travailler
le fromage au batteur.
Ajouter le beurre, le sucre
glace, la vanille (ou le jus
de citron) et le zeste ; bien
battre jusqu'à ce que le
mélange soit léger et
onctueux.

Macarons à la noix de coco

Préparation :
  20 minutes
Cuisson :
  20 minutes
Pour 25 macarons

*2 blancs d'œufs
$3/4$ de tasse de sucre
1 tasse $1/2$ de noix
  de coco
200 g de chocolat noir*

1. Préchauffer le four à
150 °C. Garnir 2 plaques
de four de papier
sulfurisé. Battre les blancs
d'œufs en neige. Ajouter
le sucre peu à peu, en
battant bien à chaque
fois. Les blancs doivent
être épais et luisants.
2. Transférer dans une
grande terrine et ajouter la
noix de coco. Avec une
grande cuillère, remuer
délicatement jusqu'à ce
que les ingrédients soient
bien mélangés. Déposer
des cuillerées de
préparation sur les plaques,
en les séparant de 3 cm
environ. Mettre au four,
faire dorer 20 minutes.
3. Laisser refroidir sur une
grille. Tremper la base
des macarons dans du
chocolat fondu et laisser
encore refroidir.

---

*Gâteau à la carotte (en haut),
macarons à la noix de coco.*

Délices
aux fruits secs

Préparation :
  15 minutes
Cuisson :
  20 minutes
Pour 18 parts

1 tasse de farine avec
  levure incorporée
1 cuil. à café de cannelle
3/4 de tasse de sucre
1/2 tasse de raisins
  de Smyrne
1/4 de tasse d'abricots
  secs, hachés
1/4 de tasse de poires
  séchées, hachées
1/4 de tasse de pommes
  séchées, hachées
2 œufs, légèrement battus
90 g de beurre, fondu

Glaçage au citron
1 tasse de sucre glace
15 g de beurre, fondu
4 cuil. à café de jus
  de citron

1. Préchauffer le four à
180 °C. Beurrer un moule
carré de 20 cm environ;
garnir le fond de papier
sulfurisé beurré.
2. Dans un grand
récipient, mettre la farine,
la cannelle et le sucre.
Ajouter les raisins et les
fruits secs; bien remuer
et faire un puits au centre.
3. Verser le mélange de
beurre et d'œuf. Bien
mélanger à la cuillère

en bois, sans trop battre.
Verser la préparation
dans le moule et faire
cuire 20 minutes (vérifier
la cuisson à l'aide d'une
lame de couteau : elle doit
ressortir sèche). Laisser
reposer le gâteau
5 minutes avant de le
démouler sur une grille.
4. Couper le gâteau
en barres et les napper
de glaçage au citron.
Décorer d'abricots secs.
5. Glaçage au citron :
dans un bol, mélanger
le sucre glace, le beurre
fondu et suffisamment de
jus de citron pour former
une pâte ferme. Poser le
bol sur une casserole d'eau
frémissante et remuer
jusqu'à ce que le glaçage
devienne luisant (ne pas
trop battre car le glaçage
deviendrait grumeleux).
Retirer du feu et étaler sur
les délices aux fruits secs
à l'aide d'une palette.

Note : les délices aux
fruits secs se conservent
5 jours dans un récipient
hermétique. Non glacés,
ils se gardent 3 mois au
congélateur.

Cake
aux pruneaux
et aux abricots

Préparation :
  30 minutes
Cuisson :
  50 à 60 minutes
Pour 2 cakes

1/2 tasse de raisins secs
250 g de pruneaux
  dénoyautés, hachés
100 g d'abricots secs,
  coupés en deux
1/3 de tasse de fruits confits
1/2 tasse de fruits secs
  variés
1/4 de tasse de cognac
150 g de beurre
1/4 de tasse de sucre roux
3 cuil. à soupe de miel
2 œufs
1/3 de tasse de farine avec
  levure incorporée
2/3 de tasse de farine
  ordinaire
1 cuil. à café de
  mélange d'épices :
  cannelle, girofle,
  muscade et gingembre

1. Préchauffer le four à
150 °C. Beurrer 2 moules
de 26 x 8 x 5 cm; les
garnir de papier sulfurisé
en le faisant dépasser.
Dans une casserole,
mélanger les raisins secs,
les pruneaux, les abricots,
les fruits secs et confits et
le cognac. Remuer à feu
moyen jusqu'à ce que le
cognac soit absorbé.
Retirer du feu.

Cake aux pruneaux et aux abricots (en haut), délices aux fruits secs.

2. Dans un petit saladier, t-ravailler le beurre et le sucre au batteur jusqu'à l'obtention d'un mélange léger et onctueux. Ajouter le miel et bien battre, puis les œufs peu à peu, en battant bien à chaque fois. Transférer dans un grand récipient et incorporer peu à peu les farines et les épices avec une cuillère. Bien mélanger. Ajouter le mélange de fruits secs et bien remuer.

3. Répartir la préparation dans les moules; égaliser la surface. Tapoter légèrement les moules sur le plan de travail pour éliminer les bulles d'air. Poser les moules sur une plaque de four et faire cuire 50 à 55 minutes (vérifier la cuisson à l'aide d'une lame de couteau : elle doit ressortir sèche). Laisser les gâteaux reposer 30 minutes dans leur moule avant de les démouler sur une grille. Quand ils sont froids, les saupoudrer de sucre glace.

Cookies au chocolat et aux cacahuètes

Préparation :
15 minutes
Cuisson :
20 minutes
Pour 30 cookies

125 g de beurre
1/2 tasse de sucre
1/4 de tasse de sucre roux
1 œuf
1 tasse de farine avec
levure incorporée
+ 1/2 tasse de farine
ordinaire
3/4 de tasse de cacahuètes
grillées, non salées
3/4 de tasse de pépites de
chocolat noir

1. Préchauffer le four à
180 °C. Garnir 2 plaques
à biscuits, de 32 x 28 cm,
de papier sulfurisé.
Travailler le beurre et les
sucres au batteur, jusqu'à
ce que le mélange soit
léger et aéré. Ajouter
l'œuf et bien battre.
2. Transférer dans un
grand saladier ; ajouter
les farines, les cacahuètes
et les pépites de chocolat.
Avec une cuillère,
remuer jusqu'à ce
que les ingrédients
soient bien mélangés.
3. Pétrir légèrement la
préparation pour former
une pâte souple. Rouler
1 cuil. à soupe rase

de préparation en une
petite boule.
4. Disposer les boules
sur les plaques en les
espaçant bien. Les aplatir
légèrement du bout des
doigts. Laisser cuire 15 à
20 minutes jusqu'à ce
que les cookies soient
dorés. Retirer du four,
laisser refroidir 5 minutes
sur les plaques puis
sur une grille.

Génoise fourrée à la confiture

Préparation :
20 minutes
Cuisson :
25 minutes
Pour 1 gâteau de 20 cm

3 œufs
80 g de sucre en poudre
1 cuil. à café d'extrait
de vanille
1 à 2 cuil. à café de
zeste de citron ou
d'orange râpé
80 g de farine avec
levure incorporée
45 g de beurre, fondu
1 tasse 1/4 de crème
fraîche épaisse
2 cuil. à soupe
de sucre glace
1/3 de tasse de confiture de
fraises ou de framboises

1. Préchauffer le four à
180 °C. Beurrer 2 moules
ronds peu profonds de
17 cm ; garnir le fond de
papier sulfurisé.
Saupoudrer le fond et les
bords de farine.
2. Réunir les œufs et le
sucre dans un saladier
résistant à la chaleur.
Poser le saladier sur une
casserole d'eau
frémissante. Battre jusqu'à
ce que le mélange soit
épais et jaune pâle.
Retirer le saladier du feu.
Ajouter la vanille et le
zeste et continuer à battre
7 à 10 minutes, jusqu'à ce
que la pâte fasse un
ruban. Avec une cuillère,
incorporer délicatement la
farine, puis le beurre
fondu. Répartir la
préparation dans les
moules et égaliser.
3. Faire cuire 20 à
25 minutes, jusqu'à ce que
la surface soit élastique au
toucher. Laisser refroidir
5 minutes avant de les
démouler sur une grille.
4. Travailler en mélange
ferme la crème et le sucre
glace au batteur. Poser un
gâteau sur une planche
ou un plat. Étaler la
confiture, puis la crème.
Poser l'autre gâteau
dessus et saupoudrer de
sucre glace.

---

*Génoise fourrée à la confiture (en haut),
cookies au chocolat et aux cacahuètes.*

Biscuits Anzac

Préparation :
    15 minutes
Cuisson :
    20 minutes
Pour 28 biscuits

1 tasse de farine
3/4 de tasse de sucre
1 tasse de flocons d'avoine
3/4 de tasse de noix
    de coco en poudre
125 g de beurre
2 cuil. à soupe de miel
1/2 cuil. à café de
    bicabornate de soude
1 cuil. à soupe d'eau
    bouillante

1. Préchauffer le four à
180 °C. Couvrir 2 plaques
à biscuits de 32 x 28 cm
de papier sulfurisé. Mettre
la farine et le sucre dans
un saladier. Ajouter les
flocons d'avoine et la noix
de coco; creuser un puits
au centre.
2. Mélanger le beurre et le
miel dans une petite
casserole. Remuer à feu
doux pour obtenir un
mélange homogène;
retirer du feu. Dissoudre le
bicabornate dans l'eau,
l'ajouter au mélange.
Verser la préparation sur
les ingrédients secs et bien
mélanger à l'aide d'une
cuillère en bois.
3. Former des petites
boules avec 1 cuil. à soupe
rase de préparation et les

déposer sur la plaque. Les
aplatir légèrement du bout
des doigts en les espaçant.
Enfourner et faire dorer
20 minutes les biscuits.
4. Retirer du four et
laisser refroidir sur une
grille.

Carrés
à la fraise et
à la noix de coco

Préparation :
    30 minutes
Cuisson :
    40 minutes
Pour 18 carrés

125 g de beurre
1/4 de tasse de préparation
    pour crème anglaise
3/4 de tasse de farine
1/3 de tasse de sucre
1 œuf, légèrement battu
3/4 de tasse de confiture
    de fraises (ou autres
    fruits rouges)

Garniture
2 œufs, séparés
1/3 de tasse de sucre en
    poudre
1 cuil. à café d'extrait
    de vanille

3 tasses de noix de coco

1. Préchauffer le four
à 180 °C. Beurrer un
moule rectangulaire
peu profond, de 20 x
30 cm, garnir le fond
de papier sulfurisé.
2. Dans un récipient,
mettre le beurre, la crème
anglaise, la farine et le
sucre. Travailler le beurre
avec les doigts jusqu'à
ce que la préparation
soit friable. Ajouter les
œufs, mélanger.
3. Étaler la préparation
de façon régulière
dans le moule.
Faire cuire 20 minutes,
jusqu'à ce que le gâteau
soit ferme et doré. Laisser
refroidir, puis étaler
la confiture réchauffée
par-dessus.
4. Garniture : battre les
blancs d'œufs en neige.
Ajouter le sucre peu à
peu, en battant bien à
chaque fois. Transférer
dans un grand récipient.
Ajouter les jaunes d'œufs
et la vanille, puis la noix
de coco et remuer
délicatement. Étaler la
garniture sur le gâteau.
Faire cuire au four 15 à
20 minutes jusqu'à ce
qu'elle soit dorée. Laisser
refroidir complètement
le gâteau avant de
le couper en carrés.

Biscuits Anzac (en haut),
carrés à la confiture et à la noix de coco.

Fleurs de maïs

Préparation :
  30 minutes
Cuisson :
  15 minutes
Pour 24 fleurs

4 tasses de cornflakes
100 g de beurre
¹/₄ de tasse de sucre
2 cuil. à soupe de miel
¹/₂ tasse de noisettes,
  concassées
2 cuil. à soupe de
  graines de sésame
  grillées

1. Préchauffer le four à 180 °C. Garnir 2 moules contenant 12 trous de coupelles en papier.
2. Mettre les cornflakes dans une terrine. Dans une petite casserole, placer le beurre, le sucre et le miel. Remuer à feu moyen, sans faire bouillir, jusqu'à ce que le sucre soit dissous. Porter à ébullition, retirer du feu.
3. Verser le sirop sur les cornflakes ; ajouter les noisettes et les graines de sésame. Remuer rapidement jusqu'à ce que les ingrédients soient bien mélangés et les cornflakes nappés de sirop.
4. Déposer des cuillerées de préparation dans les coupelles.
Faire cuire 10 minutes, jusqu'à ce que les cornflakes soient dorés. Laisser reposer 10 minutes dans les moules avant de faire refroidir sur une grille.

Bouchées au caramel

Préparation :
  15 minutes
Cuisson :
  30 minutes
Pour 30 bouchées

³/₄ de tasse de noix de
  coco en poudre
¹/₃ de tasse de sucre roux
³/₄ de tasse de farine avec
  levure incorporée
100 g de beurre, fondu
1 cuil. à café d'extrait
  de vanille

Garniture
400 g de lait
  concentré sucré
30 g de beurre
2 cuil. à soupe
  de miel
2 cuil. à café de café
  instantané
2 cuil. à café d'eau
  chaude

Glaçage
120 g de chocolat noir
  en tablette
60 g de beurre

1. Préchauffer le four à 180 °C. Garnir un moule rectangulaire profond, de 28 x 18 cm, de papier sulfurisé, en le laissant dépasser des bords.
2. Dans un saladier, mélanger la noix de coco, le sucre et la farine. Faire un puits au centre et incorporer le beurre fondu et la vanille ; bien remuer. Verser la préparation dans le moule. Faire cuire 12 à 15 minutes et retirer du four avant que les bords ne commencent à dorer.
3. Garniture : dans une petite casserole, mettre le lait concentré, le beurre, le miel, le mélange de café et d'eau. Remuer à feu moyen jusqu'à ébullition. Baisser le feu et laisser frémir 5 minutes sans cesser de remuer. Verser le caramel sur le biscuit. Remettre le moule au four et faire cuire 10 minutes. Retirer du four et laisser refroidir dans le moule.
4. Glaçage : faire fondre le chocolat et le beurre au bain-marie. Étaler le mélange sur le caramel encore chaud ; égaliser à l'aide d'une palette.

Bouchées au caramel (en haut), fleurs de maïs.

Placer le gâteau au réfrigérateur jusqu'à ce qu'il prenne.
Le couper en carrés et les détacher délicatement du moule, en commençant par les coins.

Note : les bouchées au caramel se conservent 1 semaine dans un récipient hermétique, à l'abri de la chaleur.

23

Confitures, conserves et condiments

Conservées dans des bouteilles et bocaux décoratifs, vos fabrications maison donneront une note luxueuse à votre table. Que vous les prépariez pour les offrir ou à l'occasion d'une fête, elles seront très appréciées…

Kumquats à la liqueur

Préparation :
 15 minutes
Cuisson :
 50 minutes
Pour 3 bols environ

500 g de kumquats
1 tasse de sucre
³/₄ de tasse d'eau
¹/₄ de tasse de liqueur
 d'orange

1. Inciser le haut de chaque kumquat d'une croix et les tasser dans des bocaux de conserve stérilisés.
2. Dans une petite casserole, mettre le sucre et l'eau, faire bouillir 1 minute. Incorporer la liqueur.
3. Verser le sirop sur les kumquats jusqu'à 1 cm du bord. Visser à moitié les couvercles sans les fermer.

4. Mettre quelques couches de papier journal au fond d'une grande casserole à fond épais. Poser les bocaux dessus et couvrir d'eau jusqu'au bord.
5. Porter à ébullition. Baisser le feu et laisser frémir 20 minutes, jusqu'à ce que les kumquats commencent à s'éclaircir.
6. Retirer délicatement les bocaux. Fermer immédiatement les couvercles et laisser refroidir complètement. Étiqueter les bocaux et les conserver 2 mois, à l'abri de la chaleur et de la lumière, en les retournant tous les quinze jours.

CONSEIL

Le parfum de kumquats se développe avec le temps. Les servir avec une cuillerée de sirop.

Huile pimentée (à gauche) et kumquats à la liqueur.

Huile pimentée

Préparation :
    10 minutes
Cuisson :
    5 minutes + 2 jours
    de repos

Pour 2 tasses ¹/₂
2 tasses ¹/₂ d'huile
    végétale
3 piments frais entiers
1 bâton de cannelle
2 cuil. à café de poivre
Aromates frais

1. Faire chauffer l'huile
dans une grande casserole.
Ajouter les piments, la
cannelle et le poivre.
Retirer du feu, couvrir et
laisser reposer 2 à 3 jours.
2. Passer l'huile dans une
bouteille stérilisée. Ajouter
les aromates (herbes ou
épices).
3. Fermer la bouteille.
Conserver à l'abri de la
chaleur et de la lumière.

CONSEIL
On peut remplacer
les piments par des
herbes fraîches :
romarin, basilic,
sauge, citronnelle…

Beurre de citron

Préparation :
    10 minutes
Cuisson :
    20 minutes
Pour 2 tasses

4 œufs, légèrement battus
³/₄ de tasse de sucre
¹/₂ tasse de jus de citron
2 cuil. à café de zeste
    de citron râpé
125 g de beurre

1. Mettre les œufs et le
sucre dans un grand
saladier. Poser sur une
casserole d'eau
frissonnante et remuer
constamment au fouet
pour dissoudre le sucre.
2. Ajouter le jus de citron,
le zeste et le beurre ;
fouetter jusqu'à ce que le
beurre soit fondu. Remuer
avec une cuillère en bois
20 minutes sur l'eau
frémissante, jusqu'à
épaississement. Retirer
immédiatement du feu (ne
pas faire bouillir, sinon la
préparation tourne).
3. Verser dans des
bocaux stérilisés et
chauffés et fermer
immédiatement le
couvercle. Laisser refroidir
avant d'étiqueter et de
ranger à l'abri de la
chaleur et de la lumière.

Confiture de fraises

Préparation :
    10 minutes
Cuisson :
    35 minutes
Pour 2 tasses

500 g de fraises, lavées
    et équeutées
2 tasses de sucre
2 cuil. à soupe de jus
    de citron

1. Mettre les fraises et le
sucre dans une casserole.
Laisser reposer 10 minutes.
2. Ajouter le jus de citron.
Remuer doucement sans
faire bouillir, jusqu'à ce
que le sucre soit dissous.
Porter à ébullition, baisser
le feu et laisser mijoter
35 minutes, jusqu'à ce
que la confiture prenne.
3. Retirer du feu et laisser
les bouillons disparaître.
Laisser reposer 2 minutes.
Verser la confiture encore
chaude dans des bocaux
stérilisés chauffés.
Refermer immédiatement.
Étiqueter les bocaux
lorsqu'ils sont froids.
Conserver à l'abri de la
chaleur et de la lumière.
Garder au réfrigérateur
après ouverture.

Beurre de citron, confiture de fraises.

Gelée à la menthe

Préparation :
  20 minutes
Cuisson :
  40 minutes
Pour 750 ml environ

1 kg de pommes vertes
1 l d'eau
¹/₂ tasse de jus de citron
2 tasses ¹/₂ tde feuilles
  de menthe
Sucre
¹/₂ tasse de feuilles de
  menthe fraîchement
  hachées
Colorant vert

1. Laver et couper les pommes en tranches épaisses.
2. Mettre les pommes, l'eau, le jus de citron et les feuilles de menthe dans une grande casserole à fond épais; porter à ébullition. Baisser le feu et laisser cuire 10 à 15 minutes à découvert. Écraser les gros morceaux de pomme à la fourchette.
3. Passer le mélange dans une étamine suspendue au-dessus d'un récipient et laisser reposer 1 nuit. Mesurer le jus ainsi passé et le remettre dans la casserole. Ajouter 1 tasse de sucre pour chaque tasse de jus. Remuer à feu doux sans faire bouillir jusqu'à ce que le sucre soit complètement dissous. Porter à ébullition, 20 minutes, jusqu'à ce que la gelée prenne.
4. Ajouter la menthe hachée et le colorant, et bien remuer. Retirer du feu et laisser reposer 5 minutes. Verser la gelée dans des bocaux stérilisés chauffés; les fermer immédiatement. Les étiqueter une fois refroidis.

Gelée à la menthe.

1. Couper les pommes lavées en tranches épaisses ; laisser la peau et les pépins.

2. Écraser les gros morceaux de pomme cuite avec une fourchette.

3. Passer la gelée dans une étamine suspendue au-dessus d'un récipient.

4. Ajouter la menthe hachée et le colorant vert, en remuant bien.

Confiture de figues aux épices

Préparation :
  10 minutes
Cuisson :
  35 minutes
Pour 1 litre

500 g de figues sèches
1 l d'eau
1/3 de tasse de jus
  de citron
3 tasses de sucre
1/4 tasse de gingembre
  confit, haché
2 cuil. à café de zeste
  de citron, finement râpé
1 cuil. à café de clous
  de girofle entiers

1. Hacher finement les figues et les mettre dans un saladier. Couvrir d'eau et laisser tremper 1 nuit.
2. Le lendemain, transférer les figues et l'eau dans une grande casserole. Porter à ébullition, baisser le feu, couvrir et laisser mijoter 15 minutes, jusqu'à ce que les figues soient tendres et gonflées.
3. Ajouter le jus et le zeste de citron, le sucre, le gingembre et la girofle. Remuer constamment à feu doux jusqu'à ce que le sucre soit complètement dissous. Porter à ébullition, baisser légèrement le feu et laisser bouillir 15 à 20 minutes, jusqu'à ce que la confiture prenne ; remuer de temps en temps avec une cuillère, plus fréquemment en fin de la cuisson pour éviter que la confiture n'attache.
4. Retirer du feu et laisser reposer 2 minutes. Verser la confiture dans des bocaux stérilisés chauffés, les refermer immédiatement. Étiqueter une fois les bocaux refroidis.

Poires au rhum

Préparation :
  20 minutes
Cuisson :
  20 minutes
Pour 10 poires environ

500 g de petites poires
1 tasse 1/2 de sucre
1 tasse d'eau
2 bâtons de cannelle
1/4 de tasse de rhum brun

1. Laver, peler et épépiner les poires (si elles sont petites, les garder entières). Les mettre dans un grand saladier et les couvrir d'eau.
2. Mettre le sucre et l'eau dans une casserole. Remuer à feu doux, sans faire bouillir, jusqu'à ce que le sucre soit complètement dissous. Détacher les cristaux de sucre des parois de la casserole à l'aide d'un pinceau humide. Porter à ébullition, baisser et laisser bouillir 10 minutes.
3. Égoutter les poires ; les mettre dans le sirop avec la cannelle et prolonger la cuisson de 5 à 6 minutes, jusqu'à ce qu'elles soient tendres. Retourner délicatement les fruits à plusieurs reprises pour bien les napper de sirop. Retirer les poires du sirop et les tasser dans des bocaux stérilisés.
4. Verser le rhum dans le sirop et remettre à chauffer. Porter à ébullition et laisser bouillir 2 à 3 minutes. Verser le sirop sur les fruits et fermer.

CONSEIL
Les poires au rhum font un délicieux dessert d'été, servies avec de la glace. En hiver, on peut les réchauffer et les accompagner de crème anglaise.

Poires au rhum (en haut), confiture de figues aux épices.

Chutney de fruits secs

Préparation :
  15 minutes
Cuisson :
  35 minutes
Pour 3 bocaux

3 grosses pommes vertes
1/2 tasse de pruneaux
  dénoyautés, hachés
1/2 tasse de dattes, hachées
1/2 tasse d'abricots secs,
  hachés
3 cuil. à soupe de jus
  de citron
3/4 de tasse de sucre
1 tasse de vinaigre de
  vin blanc
1/2 tasse d'eau
1/2 cuil. à café de
  muscade

1. Peler, épépiner et
hacher les pommes.
Rassembler tous les
ingrédients dans une
casserole. Remuer à feu
moyen jusqu'à ce que
le sucre soit dissous.
2. Augmenter le feu et
porter à ébullition.
Baisser légèrement le
feu et laisser bouillir 30 à
35 minutes, jusqu'à
épaississement.
Remuer de temps
en temps.
3. Retirer du feu et
laisser reposer 5 minutes.
Verser le chutney dans
des bocaux stérilisés
chauffés. Fermer

Pruneaux au rhum

Préparation :
  10 minutes
Cuisson :
  5 minutes
Pour 3 bocaux

750 g de pruneaux,
  dénoyautés
200 ml de rhum brun
1/4 tasse de sucre roux
2 bâtons de cannelle
Zeste d'1 citron
2 tasses d'eau
3 clous de girofle

1. Mettre les pruneaux
dans un saladier. Réunir
le reste des ingrédients
dans une casserole. Porter
à ébullition, retirer du feu.
2. Verser le sirop sur les
pruneaux. Laisser refroidir
complètement avant de
verser dans des bocaux
stérilisés chauffés, en
recouvrant bien les
pruneaux de sirop.
Fermer et étiqueter.
3. Conserver 1 semaine à
l'abri de la chaleur avant
utilisation. Réfrigérer
après ouverture.

Vinaigre aromatisé

Préparation :
  10 minutes
Cuisson :
  5 minutes
Pour 600 ml

1 citron
600 ml de vinaigre
  de vin blanc
2 feuilles de laurier
1 brin de romarin
2 cuil. à soupe d'origan
Aromates (herbes ou
  épices)

1. Peler le citron avec
un épluche-légumes pour
former d'épais bâtonnets.
Retirer la peau blanche
à l'aide d'un couteau
bien aiguisé. Faire
chauffer le vinaigre dans
une petite casserole,
jusqu'à ce qu'il frémisse.
Retirer du feu et ajouter
les aromates.
2. Couvrir et laisser
reposer 2 jours. Remuer
de temps en temps.
3. Passer le vinaigre dans
une bouteille stérilisée.
Ajouter les aromates frais.
4. Fermer
hermétiquement.
Étiqueter la bouteille
et la conserver à l'abri
de la chaleur.

*À partir du haut à gauche : vinaigre aromatisé,
chutney de fruits secs, pruneaux au rhum.*

Marmelade aux trois agrumes

Préparation :
40 minutes
Cuisson :
1 heure 10
Pour 4 bocaux

2 pamplemousses
3 citrons verts
2 oranges
4 tasses 1/2 d'eau
3 tasses 3/4 de sucre

1. Peler l'écorce des agrumes à l'aide d'un épluche-légumes ; ôter et réserver la peau blanche. Émincer l'écorce en fines lanières à l'aide d'un couteau bien aiguisé.
2. Presser le jus des fruits, le réserver. Mettre les pépins, la peau blanche et la pulpe dans une étamine, nouée avec une ficelle.

3. Placer l'écorce, le jus, l'eau et l'étamine dans une grande casserole. Porter à ébullition, baisser et laisser mijoter 45 à 50 minutes à découvert, jusqu'à ce que le jus ait réduit de moitié. Retirer l'étamine et la presser pour ôter l'excédent de jus. Ajouter le sucre dans la casserole et remuer jusqu'à ce qu'il soit dissous. Porter à ébullition et faire bouillir 15 à 20 minutes à feu doux, jusqu'à ce qu'une cuillerée de marmelade déposée sur une assiette froide se plisse quand on la pousse du doigt.
4. Laisser refroidir la marmelade 20 minutes ; l'écumer légèrement si nécessaire. Verser dans des bocaux stérilisés chauffés et fermer immédiatement.

Marmelade aux trois agrumes.

1. Ôter et réserver la peau blanche de l'écorce des pamplemousses, citrons verts et oranges.

2. Plonger l'étamine contenant les pépins, la peau blanche et la pulpe dans la casserole.

3. Déposer un peu de marmelade sur une assiette pour vérifier la cuisson.

4. Laisser reposer la marmelade 20 minutes, en l'écumant légèrement si nécessaire.

Fruits au whisky

Préparation :
20 minutes + 1 nuit de
   repos + 2 semaines
   de repos
Cuisson :
   aucune
Pour 4 bocaux

1 grosse pomme verte,
   pelée et râpée
1 tasse de raisins de
   Smyrne
1 tasse de raisins secs
1 tasse de raisins de
   Corinthe
½ tasse d'écorces confites
2 cuil. à soupe de
   gingembre confit,
   haché
Le zeste et le jus
   d'1 citron
Le zeste et le jus
   d'1 orange
⅓ de tasse d'amandes
   émondées, hachées
2 cuil. à café de
   mélange cannelle,
   girofle, muscade
½ tasse de sucre roux
¼ de tasse de whisky
50 g de beurre, fondu

1. Mettre tous les
ingrédients dans un grand
récipient. Bien remuer,
couvrir et laisser reposer
toute la nuit.
2. Verser dans des bocaux
stérilisés chauffés, fermer
immédiatement et
étiqueter. Laisser reposer
au moins 1 semaine avant
utilisation.

CONSEIL
Ce mélange de fruits
s'utilise en garniture
de tartes aux fruits ;
décorez les couvercles
des bocaux de papiers
et rubans pour offrir.

Pickles moutarde

Préparation :
   15 minutes
Cuisson :
   10 à 12 minutes
Pour 4 bocaux

3 concombres moyens,
   hachés
1 gros oignon, haché
200 g de chou-fleur
   en bouquets
1 gros poivron vert, haché
2 cuil. à soupe de sel
2 cuil. à café de graines
   de moutarde
2 cuil. à soupe de
   moutarde en poudre
½ cuil. à café de
   curcuma en poudre
1 feuille de laurier
1 tasse de vinaigre
¼ de tasse de sucre
1 cuil. à soupe de
   Maïzena

---

1. Mettre les concombres,
l'oignon, le chou-fleur et
le poivron dans un grand
saladier. Saupoudrer les
légumes de sel et laisser
dégorger toute la nuit.
2. Laver et égoutter les
légumes, en veillant à
bien éliminer le sel. Les
mettre dans une grande
casserole à fond épais.
Ajouter les graines de
moutarde, la moutarde, le
curcuma, le laurier, le
vinaigre et le sucre.
Remuer à feu doux
jusqu'à ébullition.
Laisser mijoter 8 à
10 minutes à découvert,
jusqu'à ce que les
légumes soient tendres.
3. Délayer la Maïzena et
2 cuill. à soupe d'eau dans
un bol ; verser le mélange
dans la casserole et
remuer rapidement. Porter
à ébullition, puis retirer du
feu dès que la préparation
a épaissi.
4. Verser les légumes
dans des bocaux stérilisés
chauffés et fermer
immédiatement. Les
étiqueter une fois
refroidis.

Note : la plupart des
légumes conviennent
pour cette recette.

Pickles moutarde (en haut), fruits au whisky.

WHISKEY
MINCE MEAT

Chutney de tomates vertes

Préparation :
  20 minutes
Cuisson :
  1 heure à 1 heure 30
Pour 5 bocaux environ

1,5 kg de tomates vertes, hachées
2 petites pommes vertes, pelées et hachées
1 gros oignon, haché
1 cuil. à café de sel
1/2 tasse de raisins de Smyrne
1 cuil. à café de grains de poivre noir
1 cuil. à soupe de graines de moutarde
2 tasses de sucre roux
2 tasses de vinaigre de vin blanc
1/2 cuil. à café de paprika doux

1. Placer tous les ingrédients dans une grande casserole. Remuer à feu doux jusqu'à ce que le sucre soit dissous.
2. Mettre à feu moyen et porter à ébullition. Laisser mijoter 1 heure à 1 heure 30 à découvert, jusqu'à épaississement. Remuer de temps en temps, plus fréquemment en fin de cuisson pour éviter que la préparation n'attache.

3. Retirer du feu et laisser reposer 5 minutes. Verser dans des bocaux stérilisés chauffés et fermer immédiatement. Étiqueter une fois les bocaux refroidis. Se conserve 1 an à l'abri de la chaleur et de la lumière.

Sauce tomate pimentée

Préparation :
  20 minutes
Cuisson :
  35 minutes
Pour 3 bocaux

8 à 10 tomates mûres, hachées
2 grosses pommes vertes, hachées
1/2 tasse de dattes, hachées
1/2 tasse de raisins secs
1/2 tasse de raisins de Smyrne
1 tasse de vinaigre de vin blanc
1 cuil. à café de cannelle moulue
1 cuil. à café de paprika
3 piments, hachés
1/2 tasse de sucre roux

1. Placer tous les ingrédients sauf le sucre dans une casserole ; bien remuer. Porter à ébullition, baisser légèrement le feu et faire bouillir 20 minutes, jusqu'à épaississement.
2. Retirer la sauce du feu. La passer au tamis et la remettre dans la casserole. Ajouter le sucre et remuer à feu moyen jusqu'à ce qu'il soit dissous. Porter de nouveau à ébullition et laisser frémir 10 à 15 minutes jusqu'à épaississement.
3. Verser la sauce dans des bocaux stérilisés chauffés ; fermer immédiatement et laisser refroidir avant d'étiqueter.

Note : pour une consistance plus épaisse, la sauce tomate pimentée peut être mise en bouteille sans être passée au tamis.

CONSEIL
Cette sauce est tout aussi délicieuse chaude que froide. La quantité de piment peut varier selon le goût. La recette ci-dessus donne une sauce très peu corsée ; rajouter des piments si nécessaire.

Chutney de tomates vertes (en haut), sauce tomate pimentée.

Sauce à la prune

Préparation :
  15 minutes
Cuisson :
  35 minutes
Pour 1 tasse ¹/2 environ

1 cuil. à café de clous
  de girofle
1 bâton de cannelle
1 feuille de laurier
1 cuil. à café de grains
  de poivre noir
1 cuil. à café de graines
  de moutarde
825 g de prunes rouges,
  égouttées et hachées
1 oignon moyen,
  finement haché
¹/2 tasse de sucre roux
1 tasse ¹/2 de vinaigre

1. Mettre girofle, cannelle, laurier, poivre et graines de moutarde dans un carré d'étamine. Fermer le sac avec une ficelle.
2. Placer les prunes, l'oignon, le sucre et le vinaigre dans une grande casserole. Remuer à feu doux jusqu'à ce que le sucre soit dissous.
3. Plonger le sac d'étamine dans la casserole. Mettre à feu moyen et porter à ébullition ; baisser légèrement le feu et faire bouillir 30 à 35 minutes, jusqu'à épaississement.
4. Retirer du feu. Lier le mélange 20 secondes au mixeur.

5. Verser la sauce dans des bocaux stérilisés chauffés et fermer immédiatement.

Confiture d'abricots au gingembre

Préparation .
  15 minutes
Cuisson :
  1 heure
Pour 4 bocaux

500 g d'abricots secs
5 tasses d'eau
200 g de gingembre au
  sirop, finement émincé
3 tasses ³/4 de sucre
2 cuil. à soupe de jus
  de citron
¹/2 tasse d'amandes
  concassées

1. Mettre les abricots en entier dans un saladier, couvrir d'eau et laisser tremper toute la nuit.
2. Transférer les abricots et l'eau dans une grande casserole. Porter à ébullition, baisser le feu, couvrir et laisser mijoter 15 minutes, pour que les abricots soient tendres.
3. Ajouter le gingembre, le sucre et le jus de citron. Remuer constamment à feu doux jusqu'à ce que le sucre soit dissous. Porter à ébullition, baisser légèrement le feu et faire bouillir 25 à 30 minutes à

découvert, jusqu'à ce que le mélange prenne.
4. Retirer du feu et laisser reposer 2 minutes. Ajouter les amandes et remuer. Verser dans des bocaux stérilisés chauffés et fermer immédiatement.

Figues au whisky

Préparation :
  10 minutes
Cuisson :
  35 minutes
Pour 3 bocaux environ

500 g de figues séchées
375 ml de thé fort, froid
125 ml de whisky ou
  de rhum brun
1 bâton de cannelle
¹/4 de tasse de sucre roux
1 citron
1 orange

1. Mettre les figues, le thé, le whisky et la cannelle dans une grande casserole. Porter doucement à ébullition. Baisser le feu et laisser mijoter 25 à 30 minutes, jusqu'à ce que les figues soient tendres.
2. Incorporer le sucre. Peler le citron et l'orange à l'aide d'un épluche-légumes. Retirer la peau blanche et couper l'écorce en fines lanières avec un couteau bien aiguisé ; les

De haut en bas : figues au whisky, sauce à la prune, confiture d'abricots au gingembre.

mettre dans la casserole. Prolonger la cuisson de 5 minutes.

3. Presser le citron et l'orange ; verser le jus dans la casserole. Retirer le bâton de cannelle. Verser la préparation dans des bocaux stérilisés chauffés et fermer immédiatement. Étiqueter une fois les bocaux refroidis. Se conserve 1 an à l'abri de la chaleur et de la lumière.

Confiseries

L es confiseries maison sont irrésistibles. Rassemblez-les dans de jolis petits sacs, ou présentez-les en boîtes décorées. Elles ajouteront une touche raffinée à vos repas de fête et feront de délicieux cadeaux.

Noix du Brésil caramélisées

Préparation :
   10 minutes
Cuisson :
   20 minutes
Pour 24 noix

2 tasses de sucre
1/2 tasse d'eau
2 cuil. à soupe de miel
125 g de beurre
1 cuil. à soupe de
   vinaigre de vin blanc
2 tasses de noix du
   Brésil

1. Couvrir 2 plaques de four de 32 x 28 cm de papier sulfurisé.
2. Réunir le sucre, l'eau, le miel, le beurre et le vinaigre dans une casserole. Remuer à feu moyen, sans faire bouillir, jusqu'à ce que le beurre soit fondu et le sucre dissous. Détacher les cristaux de sucre des parois de la casserole à l'aide d'un pinceau humide. Porter à ébullition, baisser légèrement le feu, puis faire bouillir 20 minutes en remuant. Sur un thermomètre à sucre, la température doit atteindre 138 °C. Retirer du feu immédiatement.
3. Avec une cuillère en bois, plonger chaque noix dans le caramel puis les déposer sur les plaques jusqu'à ce que le caramel durcisse. Elles se conservent 1 semaine dans un récipient hermétique entre 2 feuilles de papier sulfurisé, à température ambiante.

Note : d'autres variétés de noix peuvent également être utilisées.

Surprises au chocolat (à gauche),
noix du Brésil caramélisées.

Surprises au chocolat

Préparation :
  20 minutes
Cuisson :
  20 minutes
Pour 50 bouchées

100 g de noisettes
100 g de noix de cajou
100 g d'amandes
250 g de chocolat noir,
  concassé
60 g de chocolat
  au lait, fondu

1. Couvrir une plaque à biscuits de 32 x 28 cm de papier sulfurisé ou d'aluminium beurré. Préchauffer le four à 180 °C. Disposer les fruits secs sur la plaque et laisser au four 10 minutes jusqu'à ce qu'ils dorent. Laisser refroidir.
2. Faire fondre le chocolat noir au bain-marie. Retirer du feu.
3. Souder 3 différents fruits secs ensemble avec un peu de chocolat fondu ; laisser refroidir. Plonger complètement les petits tas ainsi formés dans le chocolat ; retirer à l'aide d'une fourchette et les disposer sur la plaque. Laisser refroidir.
4. Décorer les surprises au chocolat de chocolat fondu, avec un motif de zigzag. Les conserver dans un récipient hermétique, à l'abri de la chaleur et de la lumière, ou au réfrigérateur en saison chaude ou humide.

Chocolats à la cerise

Préparation :
  20 minutes
Cuisson :
  5 minutes
*Pour 50 chocolats
environ*

250 g de chocolat noir
  à cuire, fondu
50 bouchées en
  aluminium

Garniture
110 g de chocolat noir
1/2 tasse de crème
  fraîche
2 cuil. à soupe de
  liqueur de café
100 g de cerises
  confites, coupées en 4

1. Verser une cuillerée de chocolat fondu dans chaque bouchée. Avec un petit pinceau, napper l'intérieur de chocolat.
2. Faire refroidir les coupelles sur une grille. Verser le reste du chocolat dans une petite poche à douille et former des motifs sur une feuille de papier sulfurisé ou d'aluminium. Laisser refroidir.
3. Garniture : faire fondre le chocolat au bain-marie. Ajouter la crème fraîche et la liqueur ; bien remuer.
4. Déposer un morceau de cerise dans chaque coupelle. Verser la garniture au chocolat par-dessus, jusqu'au bord. Tapoter doucement les coupelles pour éliminer les bulles d'air. Poser un motif en chocolat sur chacune d'entre elles. Les chocolats se conservent 2 semaines à l'abri de la chaleur et de l'humidité.

Caramels au miel

Préparation :
  40 minutes
Cuisson :
  15 à 20 minutes
Pour 80 caramels

3/4 de tasse de cassonade
1/4 de tasse de miel
100 g de beurre
1/2 tasse de lait
  concentré

1. Garnir un moule rectangulaire peu profond de 20 x 30 cm de papier aluminium, en le faisant déborder du moule. Badigeonner d'huile ou de beurre fondu.
2. Placer tous les ingrédients dans une casserole. Remuer à feu moyen, sans faire bouillir, jusqu'à ce que le sucre

Caramels au miel (en haut), chocolats à la cerise.

soit complètement dissous. Porter à ébullition puis baisser légèrement le feu. Remuer constamment pendant 15 à 20 minutes, jusqu'à ce que le mélange prenne une couleur caramel foncé.

3. Verser le caramel dans le moule ; égaliser la surface. Former des carrés à l'aide d'un couteau bien aiguisé. Laisser refroidir sur une grille. Lorsque le caramel a complètement durci, le couper en carrés.

Note : ces caramels se conservent 3 semaines dans un récipient hermétique, à l'abri de la chaleur et de l'humidité. Les garder au réfrigérateur en saison chaude.

Assortiment de truffes au chocolat

Préparation :
   15 minutes
Cuisson :
   5 minutes
Pour 30 truffes

*200 g de chocolat noir
   concassé + 100 g de
   chocolat noir râpé*
30 g de beurre
*2 cuil. à soupe de crème
   fraîche*
*1 tasse 1/2 de gaufrettes
   au chocolat, émiettées*
*2 à 3 cuil. à café de
   rhum brun*
*2 à 3 cuil. à café
   de kirsch*
*100 g de chocolat
   blanc, râpé*

1. Faire fondre le
chocolat, le beurre et la
crème fraîche à feu doux,
en remuant jusqu'à ce que
le chocolat soit fondu.
2. Ajouter les gaufrettes
émiettées et mélanger
délicatement. Répartir le
mélange dans 2 bols.
Verser le rhum dans un
bol et le kirsch dans
l'autre ; bien mélanger.
Réfrigérer 5 à 10 minutes,
jusqu'à ce que la
préparation soit bien
ferme.
3. Façonner des petites
boules avec 2 cuillerées à
café rases de préparation.
Rouler les truffes au rhum
dans le chocolat râpé noir
et les truffes au kirsch
dans le chocolat blanc.
Conserver dans une
boîte garnie de papier
sulfurisé et placée dans
un récipient hermétique.
Elles se gardent
1 semaine au
réfrigérateur.

Nid d'abeille

Préparation :
   10 minutes
Cuisson :
   20 minutes
Pour 28 nids

1 tasse 1/2 de sucre
1/4 de tasse de sirop de sucre
1 cuil. à soupe de miel
125 ml d'eau
*2 cuil. à café de
   bicarbonate de soude*

1. Garnir un moule
rectangulaire d'environ
28 x 18 cm de papier
aluminium beurré.
2. Dans une grande
casserole, réunir le sucre,
le sirop, la miel et l'eau.
Remuer à feu moyen,
sans faire bouillir, jusqu'à
ce que le sucre soit
complètement dissous.
Détacher les cristaux de
sucre des parois de la
casserole à l'aide d'un
pinceau mouillé. Porter à
ébullition, baisser
légèrement le feu et faire
bouillir 6 à 8 minutes sans
remuer, jusqu'à ce que le
mélange commence à
prendre une couleur de
caramel. Retirer
immédiatement du feu.
3. Ajouter le bicarbonate à
la préparation. Avec une
cuillère, remuer jusqu'à ce
que la préparation
bouillonne et augmente
de volume.
4. Verser délicatement
dans le moule et laisser
reposer 1 heure 30
environ. Retirer du moule,
détacher l'aluminium et
couper le caramel durci en
morceaux. Cette confiserie
se conserve 1 semaine
dans un récipient
hermétique.

CONSEIL
On peut tremper
les morceaux de nid
d'abeille dans du
chocolat fondu, ou les
décorer en versant du
chocolat fondu avec
une poche à douille.

---

*Nid d'abeille (en haut),
assortiment de truffes au chocolat.*

Loukoums à la rose

Préparation :
  20 minutes
Cuisson :
  20 minutes
Pour 36 loukoums

300 ml d'eau bouillante
Zeste d'1 orange
Zeste d'1 citron
2 cuil. à soupe de
  gélatine
2 tasses de sucre
1/4 de tasse de jus d'orange
2 cuil. à soupe d'eau
  de rose
Colorant alimentaire
  rouge
200 g de sucre glace

1. Rincer un moule à gâteau carré, de 20 cm de côté, et garnir le fond de papier sulfurisé. Mettre la moitié de l'eau et le zeste dans une casserole. Porter à ébullition, baisser le feu et laisser frémir 10 minutes.
2. Délayer la gélatine dans le reste de l'eau. Remuer à la fourchette jusqu'à ce que la gélatine soit complètement dissoute.
3. Mettre le sucre, la gélatine, le jus d'orange et l'eau de rose dans la casserole. Baisser le feu et remuer jusqu'à ce que le sucre soit dissous. Porter à ébullition, puis faire bouillir 10 minutes à feu doux. Retirer du feu et ajouter quelques gouttes de colorant; bien remuer.
4. Verser la préparation dans le moule humidifié. Laisser refroidir 1 nuit à température ambiante. Saupoudrer du sucre glace sur une feuille de papier sulfurisé. Démouler la pâte sur le sucre glace et découper 36 carrés à l'aide d'un couteau aiguisé. Saupoudrer les carrés de sucre glace. Ils se conservent 1 mois au réfrigérateur, dans un récipient hermétique.

Fondant au caramel et au chocolat

Préparation :
  20 minutes
Cuisson :
  20 minutes
Pour 36 bouchées

2 tasses de sucre
1 tasse de lait
2/3 de tasse de crème fraîche
1/4 de tasse de miel
1 cuil. à café d'extrait
  de vanille
80 g de chocolat noir à
  cuire, concassé

1. Couvrir un moule carré profond, de 20 cm de côté, de papier aluminium ; le beurrer.
2. Mettre le sucre, le lait, la crème fraîche et le miel dans une grande casserole. Remuer à feu moyen, sans faire bouillir, jusqu'à ce que le sucre soit complètement dissous. Détacher les cristaux de sucre des parois de la casserole à l'aide d'un pinceau humide. Porter à ébullition, baisser légèrement le feu et faire bouillir 15 minutes sans remuer, jusqu'à ce qu'une cuillerée de sirop versée dans un bol d'eau froide forme une boule molle. Sur un thermomètre à sucre, la température doit atteindre 115 °C. Retirer du feu immédiatement.
3. Laisser refroidir 5 minutes. Ajouter la vanille; battre 5 minutes avec une cuillère en bois, jusqu'à ce que le mélange commence à épaissir et perde son brillant. Verser dans le moule, égaliser. Laisser refroidir sur une grille.
4. Faire fondre le chocolat au bain-marie; laisser refroidir légèrement. Étaler le chocolat sur le caramel à l'aide d'une palette. Laisser prendre. Quand le chocolat a durci, démouler le fondant. Détacher délicatement l'aluminium et couper en carrés.

Loukoums à la rose (en haut), fondant au caramel et au chocolat.

Caramels durs

Préparation :
 15 minutes
Cuisson :
 15 minutes
Pour 50 caramels

1 tasse de sucre
90 g de beurre
2 cuil. à soupe de miel
4 cuil. à soupe de sirop
 de sucre
125 ml de lait concentré
250 g de chocolat noir

1. Beurrer un moule carré de 20 cm ; le garnir de papier sulfurisé beurré. Dans une casserole à fond épais, réunir le sucre, le beurre, le miel, le sirop et le lait concentré. Remuer à feu moyen, sans faire bouillir, jusqu'à ce que le beurre soit fondu et le sucre dissous. Détacher les cristaux de sucre des parois de la casserole avec un pinceau humide.

2. Porter à ébullition, baisser légèrement le feu et faire bouillir 10 à 15 minutes en remuant, jusqu'à ce qu'une cuillerée de caramel versée dans un bol d'eau froide forme une boule dure. Sur un thermomètre à sucre, la température doit atteindre 122 °C.
3. Retirer immédiatement du feu. Verser dans le moule et laisser refroidir. Pendant que le caramel est encore tiède, dessiner des carrés avec une lame de couteau huilée. Couper les carrés quand il est froid.
4. Couvrir 2 plaques de four de 32 x 28 cm de papier aluminium. Faire fondre le chocolat au bain-marie, puis retirer du feu et laisser légèrement refroidir. Avec 2 fourchettes, tremper un à un les caramels dans le chocolat.
Les retirer et égoutter l'excédent de chocolat avant de les disposer sur les plaques. Laisser refroidir.

CONSEIL
Il n'est pas nécessaire de tremper les caramels entièrement dans le chocolat ; on peut simplement faire couler un mince filet de chocolat dessus. Lorsqu'il fait chaud, utiliser du chocolat à cuire, qui durcit plus vite à température ambiante et se travaille plus facilement.

Caramels durs.

1. Détacher les cristaux de sucre des parois de la casserole à l'aide d'un pinceau humide.

2. Faire bouillir le mélange : une cuillerée versée dans de l'eau froide doit former une boule dure.

3. Quand le caramel est tiède, dessiner des carrés avec une lame de couteau huilée.

4. Tremper les caramels dans le chocolat fondu, à l'aide de 2 fourchettes.

Pour les enfants seulement

Colorées, amusantes à confectionner et délicieuses à déguster, ces friandises feront la joie des plus jeunes. Pour une fête d'anniversaire, leur succès est garanti !

Chats et souris

Préparation :
  40 minutes
Cuisson :
  20 minutes
Pour 12 gâteaux

125 g de beurre
1 cuil. à café de zeste
  d'orange finement râpé
3/4 de tasse de sucre
  en poudre
2 œufs, légèrement battus
2 tasses de farine avec
  levure incorporée
125 ml de lait

Glaçage
125 g de beurre
2 tasses de sucre glace
2 cuil. à soupe de lait
Colorant alimentaire
Bonbons pour décorer

1. Préchauffer le four à 180 °C. Beurrer 12 petits moules individuels (ou 2 moules à 6 trous). Travailler le beurre, le zeste et le sucre au batteur, jusqu'à l'obtention d'un mélange léger et onctueux. Ajouter les œufs peu à peu, en battant bien à chaque fois.
2. Transférer dans un grand récipient. Avec une cuillère, incorporer la farine en alternance avec le lait. Remuer jusqu'à ce que la préparation soit homogène.
3. Verser dans les moules, jusqu'aux deux tiers. Faire cuire 20 minutes, jusqu'à ce que les gâteaux commencent à dorer. Démouler sur une grille et laisser refroidir. Étaler le glaçage sur le dessus des gâteaux et former des têtes de chat et de souris avec des bonbons.
4. Glaçage : travailler le beurre au batteur jusqu'à ce qu'il soit onctueux et aéré. Ajouter le sucre glace et le lait, et bien battre. Teinter plusieurs portions de glaçage en différentes couleurs.

Chats et souris, pop-corn caramélisé.

Souris en pâte d'amande

Préparation :
  20 minutes
Cuisson :
  aucune
Pour 16 souris

200 g de poudre
  d'amandes
1 tasse de sucre glace
1 blanc d'œuf
Extrait d'amande
32 petites billes de sucre
  colorées
16 raisins secs

1. Mélanger les amandes et le sucre dans un saladier ; faire un puits au centre. Ajouter le blanc d'œuf avec une cuillère en bois et bien remuer. Verser un peu d'extrait d'amande. Pétrir 5 minutes sur un plan de travail fariné jusqu'à ce que la pâte soit assez sèche. Couvrir de film alimentaire et réfrigérer 10 minutes.

2. Partager la pâte d'amande en 16 portions égales. Les rouler en boules. Retirer 2 petits morceaux pour les oreilles et rouler chaque boule en cylindre, en allongeant légèrement une extrémité pour former la tête. Enfoncer 2 billes en guise d'yeux.

3. Faire 2 petites fentes au-dessus des yeux. Étaler la pâte réservée pour faire 2 oreilles dans les fentes. Enfoncer un raisin sec au niveau du nez.

4. Faire une autre fente pour la queue de la souris et y insérer un morceau de bolduc, de la même couleur que les yeux. Laisser sécher les souris en amande 2 jours.

Souris en pâte d'amande.

1. Avec une cuillère en bois, incorporer le blanc d'œuf dans le mélange.

2 Allonger le devant du cylindre de pâte pour former la tête.

60

3. Enfoncer la pâte réservée dans les fentes au-dessus des yeux pour former les oreilles.

4. Insérer un morceau de bolduc pour former la queue.

Pop-corn multicolore

Préparation :
  10 minutes
Cuisson :
  15 minutes
Pour 4 coupes

2 cuil. à soupe d'huile
*1/2 tasse de maïs
  à pop-corn*
1 tasse 1/2 de sucre
50 g de beurre
125 ml d'eau
*3 gouttes de colorant
  rouge*
*3 gouttes de colorant
  vert*
*3 gouttes de colorant
  jaune*

1. Préchauffer le four à
180 °C. Faire chauffer
l'huile dans une grande
casserole. Mettre le maïs,
couvrir. En tenant le
couvercle, secouer la
casserole de temps en
temps. Faire cuire jusqu'à
ce que tout le maïs éclate,
puis mettre de côté.
2. Mélanger le sucre, le
beurre et l'eau dans une
petite casserole. Remuer à
feu moyen jusqu'à ce que
le sucre soit dissous.
Détacher les cristaux de
sucre des parois de la
casserole à l'aide d'un
pinceau humide. Porter à
ébullition et faire bouillir
5 minutes sans remuer.
3. Retirer du feu. Diviser

le sirop en 3 dans des
petits bols. Ajouter les
colorants dans chaque bol
et bien remuer. Diviser le
pop-corn en 3 portions
égales et enduire chaque
portion de sirop coloré.
4. Mettre le pop-corn sur
une plaque de four et
laisser au four 5 minutes
jusqu'à ce qu'il se sépare
et cristallise. Placer le
pop-corn dans un grand
saladier et brasser pour
mêler les couleurs.

Cônes surprise

Préparation :
  20 minutes
Cuisson :
  20 minutes
Pour 20 cônes

1 tasse de sucre
1/4 de tasse d'eau
3 cuil. à café de gélatine
*1 cuil. à soupe d'eau
  bouillante*
3 blancs d'œufs
20 petits cônes à glace
*Assortiments de bonbons
  pour la décoration*
*1/4 de tasse de billes
  de sucre*

1. Mélanger le sucre et

l'eau dans une casserole.
Remuer à feu doux, sans
faire bouillir, jusqu'à ce
que le sucre soit
complètement dissous.
Porter à ébullition, puis
baisser le feu au
minimum. Laisser frémir
4 minutes. Délayer la
gélatine et l'eau bouillante
dans un bol et l'ajouter au
sirop. Prolonger la
cuisson d'1 minute.
2. Battre les blancs
d'œufs en neige dans un
grand saladier. Incorporer
peu à peu le sirop chaud
en un fin filet. Continuer
à battre 10 à 15 minutes,
jusqu'à ce que les blancs
soient épais, luisants et
froids (le mélange doit
avoir une consistance
suffisamment ferme
pour conserver sa forme).
3. Mettre les cônes sur
une plaque de four.
Remplir la base de
bonbons. Mettre la
préparation dans une
poche à douille munie
d'un embout rond
cannelé de 1 cm et
en remplir les cônes
en forme de glace. Étaler
les billes de sucre sur une
feuille de papier sulfurisé
et passer la moitié de la
garniture dedans.
Enfoncer un morceau
de réglisse sur l'autre
côté. Laisser reposer
toute la nuit.

Pop-corn multicolore (en haut), cônes surprise.

Index

Photo de couverture :
vinaigre aux herbes,
caramel, pomme
d'amour, marmelade
aux 3 agrumes,
bouchées coco,
tartelettes au citron,
noix caramélisées.